건강한 소그룹 모임을 위한

주빌리 성경공부 ③

| 신비편 |

건강한 소그룹 모임을 위한
주빌리 성경공부 ❸
| 신비편 |

2024년 12월 6일 처음 펴냄

지은이 | 유은주
펴낸이 | 김영호
펴낸곳 | 도서출판 동연
등   록 | 제1-1383호(1992년 6월 12일)
주   소 | 서울시 마포구 월드컵로 163-3
전   화 | (02) 335-2630
팩   스 | (02) 335-2640
이메일 | yh4321@gmail.com
인스타그램 | instagram.com/dongyeon_press

ISBN 978-89-6447-074-9 04230
ISBN 978-89-6447-071-8 04230 (주빌리 성경공부 시리즈)

본 저서는 2020년 대한민국 교육부와 한국연구재단의 지원을 받아 수행된 연구에 기초함
(NRF-2020S1A5B5A17091101).

건강한 소그룹 모임을 위한

주빌리 성경공부 ③

| 신비편 |

유은주 지음

동연

먼저 『주빌리 성경공부』의 출간을 축하합니다. 아스머 교수의 논의에 기초해 신념, 관계, 신비, 헌신으로 구성된 이 교재는 교회와 캠퍼스의 신앙교육에 큰 도움이 될 것입니다. 그것은 기독인들이 실생활에서 마주하는 다양한 이슈와 관련해 성경은 어떻게 말씀하고 있는지, 신앙인들이 어떻게 해야 하는지 안내하고 있기 때문입니다.

이 책을 펼치는 이들마다 스스로 생각하고 판단해서 어떻게 하면 자기 삶 속에서 하나님의 뜻을 이룰 수 있을지를 숙고하게 될 것입니다. 서로의 생각을 듣고 자기 생각을 이야기하면서 성경적이면서도 현실적인 방안을 찾을 수 있는 질문을 마주할 것입니다. 그리고 영과 육, 성과 속, 사랑과 정의 등으로 분리하던 이분법적 세계관을 극복하고 모든 것을 다스리시는 하나님 중심의 통전성을 회복함으로써 건강한 신앙을 형성하게 될 것입니다.

신앙 교육에 40년간 함께해 온 제게 이 교재는 예수 그리스도의 하나님 나라 비전을 키우는 데 큰 도움이 되리라 확신합니다. 이 책을 접하는 이들마다 하나님의 은혜가 가득하기를 기원하며 적극 추천합니다.

전 한신대 기독교교육학과 교수
공덕교회 담임 이금만 목사

추천의 글

 이 책은 건강한 소그룹을 원하는 공동체라면 반드시 적용해야 할 성경공부 교재입니다. 저는 목회현장에서 건강한 소그룹 사역을 위해 준비된 리더와 더불어 좋은 교재의 중요성을 절실히 느꼈습니다. 이번에『주빌리 성경공부』를 보면서 이토록 잘 집필된, 균형 잡힌 교재가 있을까라는 생각을 하게 되었습니다.

 이 책은 각 과마다 네 단계로 구성되어 말씀과 자신의 생각을 비교하게 함으로써 소그룹 나눔을 깊이 있고 밀도 있게 이끌어줍니다. 또한 분기별 실천하기 파트는 소그룹이 무엇을 지향해야 할 것인가를 분명하게 보여줍니다. 이 모든 내용이 통전적으로 하나님 나라의 회복이라는 관점에서 일관성을 유지하고 있다는 점에서 소그룹이 어떻게 구성되어야 하는지를 깨닫게 해줍니다.

 코로나 팬데믹 이후 소그룹 사역이 큰 관심을 받고 있는 가운데 소그룹 사역이 개인의 신앙 성장에 기여하는 것은 물론, 사회적인 병리 현상까지 치유하고 새롭게 하는 대안적 사역으로 발전하기 위해서는 영성과 지성, 인성과 사회성의 모든 영역이 통전적으로 다루어져야 할 필요가 있습니다. 오랜 시간 동안 튼실한 학문적 바탕 위에 출간된 네 권의 교재는 한국교회의 건강한 소그룹 사역에 크게 기여할 것이라 믿어 의심치 않습니다.

한국소그룹목회연구원 대표
서현교회 담임 이상화 목사

저자의 글

오늘날 한국 교회는 새로운 출구를 필요로 합니다. 교회에 대한 사회적 공신력이 크게 약화된 오늘날 교회는 어떤 역할을 감당할 수 있을까요? 먼저 기독교인으로서 우리의 정체성을 명확하게 인식해야 합니다. 우리는 하나님 나라의 백성이자 사회의 구성원으로 이중적 정체성을 잊지 말고 균형적 관점에서 사회 이슈들을 말씀에 비추어 보면서 오늘날의 현실 속에서 제자도를 실천해야 합니다. 또한 지금까지 영과 육, 성과 속, 사랑과 정의 등으로 분리했던 이분법적 세계관을 극복하고 하나님 중심의 통전적 세계관을 회복해야 할 것입니다.

이때 우리는 동화 속 세상처럼 흑백이 명확히 구별되기보다 무엇이 옳고 그른지를 파악하기 쉽지 않은 경우를 종종 마주하게 됩니다. 그래서 이 책은 닫힌 질문보다 열린 질문을 통해 개방적 성찰 역량을 기를 수 있도록 했습니다. 또한 다양한 토론거리를 마련하여 구성원들 간의 관계적 소통 역량을 강화할 수 있도록 했습니다. 더 나아가 구성원들 상호 간의 필요를 파악하고 그것을 채우는 평등적 나눔 역량을 육성할 수 있도록 다양한 실천 방안을 제안했습니다.

이런 구상은 사실 오래 전 외국 학생들과 소그룹 모임을 하면서 시작되었습니다. 당시 성경공부 교재들을 살펴보니 교재들이 주로 조직신학적으로 배열되어 교리를 설명하는 데 초점을 두고 있음을 알게 되었습니다. 이에 오늘날의 상황과 관련하여 우리에게 어떤 실천이 필요한지를 모색하게 하는 데 한계가 있어 보였습니다. 특히 변화하는 사회 속에서 경쟁이 심화되고 있는 가운데 교회는 어떤 역할을 할 수 있을지 함께 고민해야 할 필요를 느꼈습니다. 그 결과, 이 책은 구약의 희년사상을 토대로 공생, 공존, 공조라는 하나님 나라의 가치를 환기시키고자 했습니다.

출판을 위해 먼저 한국연구재단과 동연출판사의 김영호 대표님을 비롯해 박현주 팀장님과 모든 선생님들께 감사드립니다. 또한 귀한 시간을 들여 교재를 검토해 주신 교수님, 목사님, PPT 자료 제작을 도와준 배요한 전도사와 동역자분들에게 깊이 감사드립니다. 이 책을 통해 우리가 정의와 평화의 하나님 나라를 향해 한 걸음 더 가까이 나아갈 수 있기를 소망합니다.

2024년 11월
유은주 드림

차 례

추천의 글 • 4
저자의 글 • 6
학습 목표 _ 신비편(Mystery) • 10

여행(Journey)

1과 인생 여정 • 14
2과 천로역정 • 18
3과 피난의 여정 • 22
4과 집으로 가는 길 • 26

휴식(Rest)

1과 쉼의 의미 • 32
2과 참된 안식을 얻으려면 • 36
3과 안식의 기반 • 40
4과 쉼이 필요해 • 44

고난(Suffering)

1과　삶에 고난이 찾아올 때 • 50

2과　섣불리 단정할 수 없는 난제 • 54

3과　기꺼이 짊어지는 고난 • 58

4과　고난받는 자의 편에 계시는 주님 • 62

부록

교재의 의미와 개요 • 69

전체 교육과정 • 76

소모임 활동계획표 • 78

신앙의 성숙 단계 • 79

신비편
Mystery

학습목표

주제	과 제목	학습 목표
여행	인생 여정	아브라함과 모세의 인생 여정을 통해 늘 함께하시는 주님께 인생을 맡기기로 결단한다.
	천로역정	신앙생활 가운데 무엇에 주의해야 하는지를 인식하고 영적무장의 필요성을 이해한다.
	피난의 여정	나발과 보아스를 비교함으로써 피난민에 대한 성경적 관점을 이해하고 난민 문제에 대한 기독교적 대응을 재고한다.
	집으로 가는 길	모세와 스데반을 통해 예상치 못한 사건에도 마음의 평안을 잃지 않을 수 있는 비결을 발견한다.
휴식	쉼의 의미	안식일의 의미를 살펴보고 주일을 어떻게 보내는 것이 성경적인지 숙고한다.
	참된 안식을 얻으려면	안식을 방해하는 근본 원인을 인식하고 참된 안식을 누릴 수 있는 비결을 발견한다.
	안식의 기반	희년법을 통해 땅에 대한 성경적 관점을 확인하고 희년의 정신을 우리의 현실 속에서 어떻게 구현할 수 있을지 모색한다.
	쉼이 필요해	안식년법 등을 통해 휴식의 의미를 이해하고 과중한 노동에 시달리는 사람들을 위한 해결 방안을 모색한다.
고난	삶에 고난이 찾아올 때	요셉이나 바울과 실라를 통해 억울한 고난에 대응하는 방법을 이해한다.
	섣불리 단정할 수 없는 난제	욥과 복음서를 통해 설명하기 어려운 고난의 의미를 숙고하고 고난받는 자들에 대한 섣부른 판단을 지양하기로 결단한다.
	기꺼이 짊어지는 고난	다니엘과 세례요한을 통해 불의에 저항하는 데서 비롯되는 불가피한 고난에 의연하게 대처할 것을 결단한다.
	고난받는 자의 편에 계시는 주님	나봇과 우리아를 통해 권력의 희생자들을 상기시키고 억울하게 고통받는 사람들을 위한 실천 방안을 궁구한다.

여행
Journey

1과 인생 여정

2과 천로역정

3과 피난의 여정

4과 집으로 가는 길

1과

인생 여정

생각열기

1 여러분은 여행을 좋아합니까? 좋아한다면, 또는 싫어한다면 그 이유는 무엇입니까?

2 인생은 여행, 또는 인생 여정이라는 말이 있는데 그 말의 의미는 무엇입니까?

성찰하기

1 지금까지 살아오면서 가장 기뻤던 순간, 또는 힘들었던 순간은 언제였습니까? 서로의 경험을 나눠봅시다.

2 그 일이 있기 전과 후에 여러분의 삶은 어떤 변화가 있었습니까?

살펴보기

말씀을 통해 믿음의 선조들의 인생 여정을 살펴봅시다.

| 아브라함 |

평범하게 살던 아브라함에게 무슨 일이 일어났습니까? 창 12:1

주님은 아브라함에게 어떤 축복을 해주셨습니까? 창 12:2-3

이에 아브라함은 어떻게 했습니까? 창 12:4-9

이후 아브라함은 어떤 곤경을 당했습니까? 창 12:10-16

주님은 아브라함을 어떻게 도우셨습니까? 창 12:17-13:2

| 모세 |

모세의 출생 당시 상황은 어땠습니까? 출 1:8-22

모세는 어떤 위기에 처했습니까? 출 2:1-4

주님은 모세를 어떻게 도우셨습니까? 출 2:5-10

모세는 어떤 전환기를 맞이했습니까? 출 2:11-22

그동안 주님은 무엇을 계획하고 계셨습니까? 출 2:23-3:10

더 생각해보기

1 아브라함과 모세의 인생 여정을 통해 여러분은 무엇을 발견할 수 있습니까?

2 성경은 아브라함을 비롯해 믿음의 선배들이 거짓말로 위험을 모면하려고 하는 등 인간적인 약점을 그대로 보여줍니다. 이에 대해 여러분은 어떻게 생각합니까?

3 주님을 믿기로 결심했지만, 많은 사람이 믿음에서 떠난 경우가 적지 않습니다. 왜 이런 일이 발생할까요?

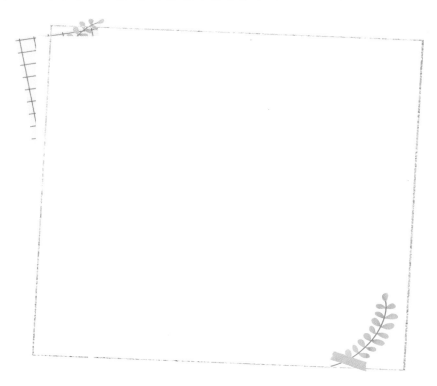

여 행 Journey

2과

천로역정

 생각열기

1 여러분은 신앙생활을 시작한 지 얼마나 되었습니까?

2 여러분은 신앙생활을 하다가 신앙을 잃어버린 적이 있습니까?

성찰하기

1 신앙생활을 하면서 경계해야 할 것들은 무엇이 있을까요?

2 그것을 극복하기 위해서 우리에게 무엇이 필요할까요?

살펴보기

존 번연의 <천로역정>이나 애니메이션 <천로역정(The Pilgrim's Progress, 2019)>
을 보고 다음의 질문에 대답해 봅시다.

주인공 크리스천은 어떻게 여행을 시작하게 되었습니까?

전도자는 크리스천에게 어떤 조언을 해주었습니까?

크리스천은 그 여정에서 어떤 사람들을 만났습니까?

크리스천은 어떻게 짐을 벗게 되었습니까?

누가 그의 길벗이 되었습니까?

한편, 무엇이 그 길을 가는 데 방해가 되었습니까?

크리스천은 어떻게 마귀를 이길 수 있었습니까?

그 후 크리스천은 어떤 어려움에 처하게 되었습니까?

절망은 어떻게 이길 수 있었습니까?

마지막 시험은 무엇이었습니까?

말씀을 통해 영적 무장의 의미를 살펴봅시다.

주님은 우리에게 어떤 무기들을 주셨습니까? 엡 6:14-17

이 무기들이 왜 필요합니까? 엡 6:10-13

여러분은 이런 무기들을 잘 활용하고 있습니까?

더 생각해보기

1 이 내용을 통해 여러분은 무엇을 깨닫게 되었습니까?

2 여러분에게 천국으로의 여정을 방해하는 것은 무엇입니까?

3 신앙생활에 어려움이 있다는 것을 알면서도 여러분은 그 길을 끝까지 가겠습니까?

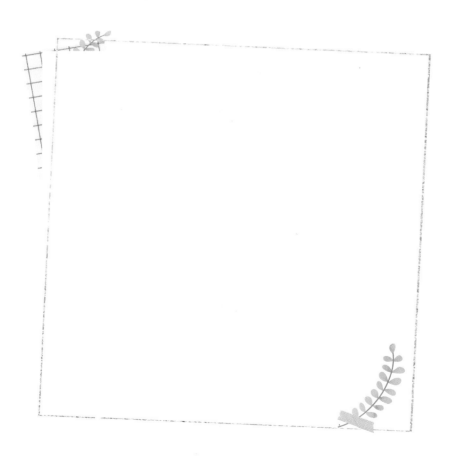

3과   피난의 여정

 생각열기

1 최근에 일어나고 있는 전쟁은 어떤 문제들을 일으켰습니까?

2 오늘날 세계 곳곳에서 일어나는 분쟁 및 종교적 박해 등으로 인해 피난민이 많이 발생하고 있습니다. 이에 대해 어떤 대책이 필요할까요?

성찰하기

1 혹시 여러분은 가기 싫었지만 억지로 어디론가 끌려가야만 했던 적이 있습니까? 그때 어떤 기분이 들었습니까?

2 여러분은 피난민들이 우리나라에 들어오는 것에 대해 어떻게 생각합니까?

살펴보기

말씀 속에서 피난민에 대한 성경적 관점을 살펴봅시다.

| 나발 |

당시 다윗은 어떤 상황이었습니까? 삼상 22:1-2

나발은 어떤 사람이었습니까? 삼상 25:2-3

다윗은 나발에게 무슨 부탁을 전했습니까? 삼상 25:4-8

이때 나발은 어떤 잘못을 했습니까? 삼상 25:9-11

주님은 나발을 어떻게 하셨습니까? 삼상 25:36-38

| 보아스 |

마을에 새로 나타난 사람은 누구였습니까? 룻 1:19-22

보아스는 룻에게 어떤 은혜를 베풀었습니까? 룻 2:8-9

보아스는 어떤 방식으로 룻에게 도움을 주었습니까? 룻 2:15-16

보아스는 왜 그렇게 했을까요?

나오미에 따르면 보아스는 어떤 사람입니까? 룻 2:20

더 생각해보기

1 이 내용들을 통해 무엇을 알 수 있습니까?

2 고아와 과부, 피난민을 발생시키는 원인으로 무엇을 꼽을 수 있습니까?

3 특별히 이슬람권 피난민에 대해 여러분의 생각은 어떻습니까?

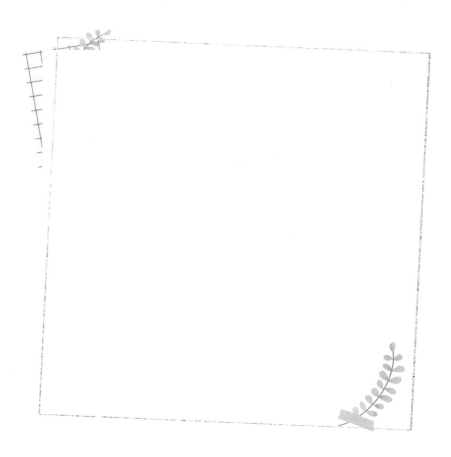

여행 Journey

4과

집으로 가는 길

생각열기

1 여행을 마치고 집으로 돌아오는 길에 여러분은 어떤 마음이 듭니까?

2 혹시 여행지에서 뜻하지 않은 사건이나 사고를 당한 적이 있습니까? 그때 기분은 어땠습니까?

성찰하기

1 만일 가까운 지인이 불의의 사고로 귀가하지 못했다면 여러분에게 어떤 마음이 들까요?

2 불의의 사고를 당한 사람들이나 유가족에게 가장 필요한 것은 무엇일까요?

살펴보기

말씀을 통해 믿음의 선조들은 뜻밖의 일에 대해 어떻게 대응했는지 살펴봅시다.

| 모세 |

모세는 어떤 문제를 만났습니까? 민 20:1-5

이에 모세는 어떻게 했습니까? 민 20:6-9

이때 모세는 어떤 실수를 했습니까? 민 20:10-11

이 일로 모세는 어떻게 되었습니까? 민 20:12-13

결국 모세는 어떻게 죽음을 맞이했습니까? 신 34:1-8

| 스데반 |

스데반은 어떤 사람이었습니까? 행 6:8-9

스데반은 어떤 위험에 처하게 되었습니까? 행 6:10-14

이때 스데반은 어떤 태도를 취했습니까? 행 7:51-53

결국 스데반은 어떻게 죽음을 맞이했습니까? 행 7:54-60

이에 대해 사울은 어떻게 생각했습니까? 행 8:1

더 생각해보기

1 이런 일을 통해 여러분은 무엇을 알게 되었습니까?

2 만일 여러분이 갑작스럽게 죽음을 맞이해야 한다면 어떻게 죽음을 맞이하고 싶습니까?

3 누군가의 갑작스러운 죽음으로 인해 슬퍼하는 유가족들에게 어떤 위로의 말을 전하고 싶습니까?

휴식
Rest

1과 쉼의 의미

2과 참된 안식을 얻으려면

3과 안식의 기반

4과 쉼이 필요해

1과

쉼의 의미

 생각열기

1 여러분은 평소에 얼마나 바쁜 삶을 살고 있습니까? 소위 '워라밸'(work-life balance: 일과 삶의 균형)을 맞추고 있습니까?

2 여러분은 쉬는 시간에 보통 무엇을 합니까? 그렇게 하면 피로가 풀립니까?

성찰하기

1 여러분은 휴식을 취하고 있는 것 같지만 제대로 쉬지 못하고 있지는 않습니까?

2 주일은 왜 지키라고 하는 것일까요?

살펴보기

말씀을 통해 안식일의 의미를 살펴봅시다.

| 주님의 안식일 |

주님은 언제 쉬셨습니까? 창 2:1-2

이에 대해 주님은 어떤 의미를 두셨습니까? 창 2:3

안식일을 거룩하게 지킨다는 것은 어떤 뜻입니까? 출 20:8-11

주님은 안식일에 무엇을 금하셨습니까? 렘 17:19-22

주님은 왜 쉬는 것을 명령하셨을까요?

| 잘못된 안식일 vs. 올바른 안식일 |

느헤미야 시대 이스라엘 백성들은 안식일을 잘 지켰습니까? 느 13:15-16

이에 느헤미야는 무엇을 금지했습니까? 느 13:17-21

주님의 공생애 당시에는 안식일이 어떻게 지켜졌습니까? 요 5:1-10

유대인들은 왜 주님을 박해했습니까? 요 5:11-18

주님은 안식일의 의미를 어떻게 해석하셨습니까? 마 12:1-13

더 생각해보기

1 이런 내용을 통해 볼 때 주일을 어떻게 보내는 것이 주님의 뜻에 합당할까요?

2 사람들이 주일에 무언가를 하는 것에 대해서 각자의 생각을 나누어봅시다. (예. 공부, 병원 근무, 아르바이트, 쇼핑 등)

3 그 밖에 누구에게 휴식이 필요할까요?

휴식 Rest

2과

참된 안식을
얻으려면

 생각열기

1 여러분은 어떤 일을 하다가 심하게 과로한 적이 있었습니까? 어쩌다가 그렇게 되었습니까?

2 어떻게 그것을 극복했습니까?

성찰하기

1 무엇이 여러분을 쉬지 못하게 합니까?

2 몸과 마음이 제대로 쉬려면 무엇이 필요할까요?

살펴보기

말씀 속에서 참된 안식을 위한 조건을 살펴봅시다.

| 엘리야 |

엘리야는 어떤 상황에 처해 있었습니까? 왕상 19:1-2

이때 엘리야는 어떻게 했습니까? 왕상 19:3-4

주님은 엘리야를 어떻게 도와주셨습니까? 왕상 19:5-8

엘리야는 어떻게 회복할 수 있게 되었습니까? 왕상 19:9-18

엘리야는 다시 어떤 사명을 수행하게 되었습니까? 왕상 21:17-26

| 산상수훈 |

주님의 말씀에 따르면 무엇이 휴식을 방해합니까? 마 6:26-29

그것은 무엇으로부터 비롯됩니까? 마 6:30-32

진정한 쉼을 얻기 위해 우리에게 필요한 것은 무엇입니까? 마 6:33-34

그것은 본질적으로 어떤 문제와 관련됩니까? 마 6:24-25

그에 대한 주님의 권면은 무엇입니까? 마 6:19-21

더 생각해보기

1 이를 종합해 보면 참된 안식은 어떻게 가능합니까?

2 여러분의 휴식을 방해하는 걱정거리는 무엇입니까?

3 여러분은 '하나님 나라와 그의 의를 구할 때 모든 것을 채우실 것'
이라는 주님의 약속을 믿고 진정한 쉼을 얻기를 원합니까?

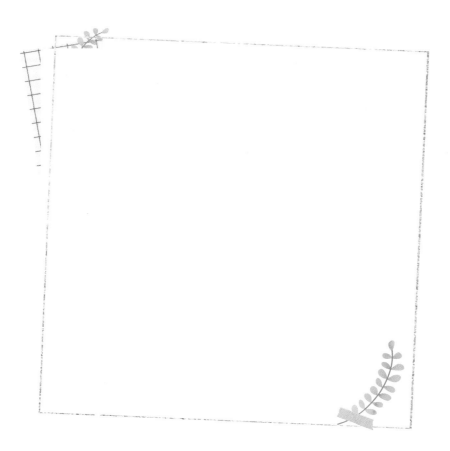

3과

안식의 기반

생각열기

1 여러분은 안정적인 노후를 위해 무엇에 관심을 두고 있습니까?(예. 주식, 적금, 부동산 등)

2 경제 문제와 관련하여 교회에서 접한 가르침이 있습니까?

성찰하기

1 혹자는 기독교가 영적인 문제만을 다뤄야 한다고 합니다. 이에 대해 여러분은 어떻게 생각합니까?

2 부익부 빈익빈의 양극화가 심화되는 이유가 무엇이라고 생각합니까?

살펴보기

말씀 속에서 희년법에 대한 가르침을 살펴봅시다.

| 희년법의 제정 |

희년이란 무엇을 의미합니까? 레 25:8-12

희년법의 토지 매매 방법은 오늘날과 어떤 차이가 있습니까? 레 25:13-17

희년을 지킬 수 있도록 주님은 무엇을 약속하셨습니까? 레 25:18-22

희년법은 무엇을 명령하고 있습니까? 레 25:23-28

희년법을 통해 어떤 효과가 나타났을까요?

| 희년법의 준수 |

율법에서 희년법은 어떤 금기와 관련이 됩니까? 신 27:17

희년법을 시행하는 데 있어 어떤 난제가 있었습니까? 민 27:1-5

희년법을 보존하기 위해 부여된 조건은 무엇이었습니까? 민 36:6-10

희년법은 구체적으로 어떻게 실행되었습니까? 룻 4:1-4

또한 관례적으로 희년법은 어떤 방식으로 유지되었을까요? 왕상 21:1-6

더 생각해보기

1 이를 통해 여러분은 무엇을 알게 되었습니까?

2 희년법의 정신은 오늘날의 상황 속에서 어떤 방식으로 실현될 수 있을까요?

3 혹자는 희년법을 공산주의로 오해하기도 합니다. 희년법과 공산주의는 어떤 점에서 다를까요?

휴식 Rest

4과

쉼이 필요해

생각열기

1 노동 현장에서 일어난 사고 소식을 뉴스로 접했을 때 여러분은 어떤 생각이 듭니까?

2 한국 사회는 일과 휴식 가운데 무엇에 강조점을 두고 있다고 생각합니까?

성찰하기

1 노동 현장에서 각종 사고가 자주 발생하는 이유는 무엇일까요?

2 오늘날 노예제도는 존재하지 않지만, 노예 같은 삶을 사는 사람들로 누구를 꼽을 수 있을까요?

살펴보기

말씀 속에서 휴식에 대한 가르침을 살펴봅시다.

| 노동으로부터의 휴식 |

안식년이란 무엇이며 주님은 왜 그것을 명령하셨습니까? 출 23:10-11

안식일을 제정하신 목적은 무엇입니까? 출 23:12-13

종은 어떻게 대우해야 한다고 합니까? 신 15:12-15

종이 원하면 어떤 예외가 가능합니까? 신 15:16-17

희년법에 따르면 그것도 언제까지만 가능합니까? 레 25:39-46

면제년은 무엇이며 면제년의 규정은 무엇입니까? 신 15:1-6

주님은 왜 그것을 명령하셨습니까? 신 15:7-11

실제로 가난한 사람들의 고충은 어땠습니까? 느 5:1-5

느헤미야는 율법을 어떻게 실천했습니까? 느 5:6-11

그 결과 어떻게 되었습니까? 느 5:12-13

더 생각해보기

1 이를 종합하면 안식일, 안식년, 면제년, 희년의 의의는 어디에 있습니까?

2 오늘날 노예와 같은 삶을 사는 사람들을 위해 무엇이 변화되어야 할까요?

3 앞서 살펴본 규정들은 오늘날 어떻게 적용될 수 있겠습니까?

고난
Suffering

1과 삶에 고난이 찾아올 때

2과 섣불리 단정할 수 없는 난제

3과 기꺼이 짊어지는 고난

4과 고난받는 자의 편에 계시는 주님

1과

삶에 고난이 찾아올 때

생각열기

1 여러분은 심한 고난을 겪은 적이 있습니까? 그것은 언제, 어떤 종류의 고난이었습니까?

2 또는 말할 수 없이 위중한 상태에 있는 사람을 볼 때 여러분은 어떤 생각이 듭니까?

성찰하기

1 하나님을 잘 믿으면 그런 고난을 면할 수 있을까요?

2 여러분은 주변 사람들이 어떤 어려움을 겪고 있는지 알고 있습니까?

살펴보기

말씀 속에서 억울하게 고난을 겪은 사례들을 살펴봅시다.

| 요셉 |

요셉은 어떤 고난을 겪게 되었습니까? 창 37:23-28

그런 가운데 요셉은 어떻게 했습니까? 창 39:1-6

그는 또다시 어떤 고난에 처하게 되었습니까? 창 39:10-20

감옥에 갇힌 요셉은 어떻게 했습니까? 창 39:21-23

결국 요셉은 어떻게 되었습니까? 창 41:38-43

| 바울과 실라 |

바울과 실라는 어쩌다가 고난을 당하게 되었습니까? 행 16:16-24

고난 가운데 그들은 어떻게 했습니까? 행 16:25

이후 어떤 일이 벌어졌습니까? 행 16:26-28

이 일은 어떻게 마무리되었습니까? 행 16:29-40

주님께서 이런 고난을 허락하신 데에는 어떤 뜻이 있었을까요?

더 생각해보기

1 이런 내용을 통해 여러분은 무엇을 알 수 있습니까?

2 억울하게 고난당할 때, 여러분은 잠자코 인내하는 것과 욥처럼 항변하는 것 중 어느 것이 옳다고 생각합니까?

3 여러분은 고난 가운데에도 함께 하시는 주님을 신뢰합니까? 그 삶은 어떠할지 생각해 봅시다.

고난 Suffering

2과 섣불리 단정할 수 없는 난제

 생각열기

1 송명희 시인의 '나'라는 곡을 들어본 적이 있습니까? 어떤 노래입니까?

2 살다 보면 왜 이런 일이 생겼는지 이해할 수 없는 일이 생기기도 합니다. 관련된 경험이 있습니까?

성찰하기

1 여러분은 주님이 공평하지 않다는 생각을 해 본 적이 있습니까? 언제, 무슨 일 때문에 그런 생각을 했습니까?

2 이유를 알 수 없는 고난에 대한 최선의 방책은 무엇일까요?

살펴보기

말씀을 통해 고난의 의미를 살펴봅시다.

| 욥 |

욥은 어떤 삶을 살아왔습니까? 욥 1:1-5

그런 욥에게 어떤 일이 생겼습니까? 욥 1:13-19

왜 이런 일이 생겼습니까? 욥 1:6-12

고난 속에서 욥은 무엇을 소원했습니까? 욥 31:4-6

결국 욥은 고난을 통해 무엇을 깨닫게 되었습니까? 욥 42:1-6

| 나면서부터 시각 장애를 입은 사람 |

사람들은 장애가 있는 사람에 대해 어떤 생각을 가지고 있었습니까? 요 9:2

그것에 대해 주님은 뭐라고 대답하셨습니까? 요 9:3-5

주님은 그를 어떻게 고쳐주셨습니까? 요 9:6-7

이 사건에 대해 사람들은 어떤 반응을 보였습니까? 요 9:16

이후 그는 어떤 삶을 살았을까요? 요 9:30-38

더 생각해보기

1 여러분은 혹시 욥의 친구들처럼 다른 사람이 당하는 고난에 대해 인과응보로 해석하지는 않았습니까?

2 욥기의 마지막 부분(욥 42:12-17)에 대해 어떻게 생각합니까? 욥에게 있어 진정한 축복은 무엇이라고 봅니까?

3 나면서부터 장애를 입은 사람에 대해 사람들이 정죄할 때, 주님은 그의 억울했던 마음까지 치료해 주셨습니다. 여러분이 장애인을 대하는 태도는 어떻습니까?

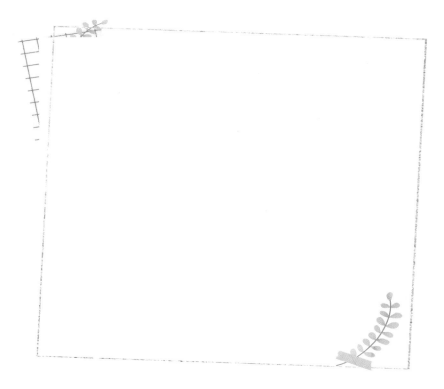

3과

기꺼이 짊어지는 고난

생각열기

1 로마 시대 카타콤에 대해 들어본 적이 있습니까?

2 엄청난 피해를 당할 것을 알면서도 담담하게 고난의 길을 간 사람들 가운데 누구를 꼽을 수 있습니까?

성찰하기

1 일부 종교인의 '양심적 병역 거부'에 대해 어떻게 생각합니까?

2 만일 올바른 신념 때문에 고난에 처하게 된다면 기꺼이 그것을 감내할 수 있겠습니까?

살펴보기

말씀을 통해 의연하게 고난에 직면한 사례들을 살펴봅시다.

| 다니엘 |

다니엘은 어떤 사람이었습니까? 단 6:1-4

그의 경쟁자들은 어떤 음모를 꾸몄습니까? 단 6:5-9

이에 대해 다니엘은 어떻게 했습니까? 단 6:10

그 결과 다니엘은 어떻게 되었습니까? 단 6:16-23

결국 이 사건은 어떻게 종결되었습니까? 단 6:24-28

| 세례요한 |

세례요한은 어떤 일을 했습니까? 마 3:1-6

그는 어떤 말씀을 전했습니까? 마 3:7-12

세례요한은 왜 감옥에 갇혔습니까? 막 6:17-18

그는 어떻게 죽음을 맞이했습니까? 막 6:19-29

주님은 세례요한을 어떻게 평가하셨습니까? 마 11:10-11

더 생각해보기

1 주님께서 세상에 화평을 주러 온 것이 아니라 검을 주러 왔다고 하신 말씀(마 10:34)을 어떻게 이해해야 할까요?

2 주님의 말씀이 사회적 관행이나 통념과 배치될 때 여러분은 어떻게 하겠습니까?

3 교회는 세상 속에서 고난을 받는 것이 불가피할 수 있습니다. 어떤 점에서 그럴까요?

고난 Suffering

4과

고난받는 자의 편에
계시는 주님

생각열기

1 여러분은 역사 속의 어떤 사건을 떠올리면 마음이 아픕니까?

2 권력관계 속에서 갑질이나 폭력을 당한 적이 있습니까? 그때 어떻게 대응했습니까?

성찰하기

1 한국 사회에서 특히 갑질이 빈번히 발생하는 까닭은 무엇일까요?

2 이런 갑질 피해를 어떻게 방지할 수 있을까요?

살펴보기

말씀 속에서 권력관계 내의 억울한 희생자들을 찾아봅시다.

| 나봇 |

나봇은 누구로부터 어떤 제안을 받았습니까? 왕상 21:1-2

왜 이것이 문제가 되었습니까? 왕상 21:3-4

나봇은 무슨 근거로 이렇게 말했을까요? 신 27:17

아합왕은 결국 어떻게 자기 뜻을 이루었습니까? 왕상 21:7-16

이에 대해 주님은 어떻게 심판하셨습니까? 왕상 21:17-26

| 우리아 |

우리아는 다윗으로부터 어떤 권유를 받았습니까? 삼하 11:6-8

이에 우리아는 어떻게 했습니까? 삼하 11:9

그는 왜 그렇게 했습니까? 삼하 11:10-11

다윗은 왜 우리아를 회유하려 했습니까? 삼하 11:2-5

결국 우리아는 어떻게 되었습니까? 삼하 11:12-17

더 생각해보기

1 위의 내용에서 나봇과 우리아는 어떤 공통점이 있습니까?

2 갑(甲)과 을(乙)의 관계에서 부당하게 고통당하는 사람들을 위해 교회는 어떤 역할을 할 수 있을까요?

3 국가나 사회질서 유지를 위해 필요하다는 이유로 지속되고 있는 사회악에 대해 여러분은 어떤 대책을 모색할 수 있겠습니까?

(예. 전쟁 및 군비 증강, 무기 생산, 집창촌, 국가보안법 등)

부록

교재의 의미와 개요
전체 교육과정
소모임 활동계획표
신앙의 성숙 단계

교재의 의미와 개요

I. 시대적 요청과 기독교교육의 방향

코로나 이후 한국 교회는 공동체성의 함양과 다음세대 양육에 대해 고민이 깊다. 사회 내에서 기독교에 대한 반감이 깊은 상황 속에서 교회는 다시 부흥을 꿈꿀 수 있을까? 이를 위해 우리는 먼저 기존의 기독교교육에 대해 고찰할 필요가 있다. 흔히 '기독교교육'이라면, 어린이나 청소년을 대상으로 하는 교육, 또는 목회자의 설교를 떠올리기 쉽다. 그러나 신자들의 삶이 일반인들과 다른 점이 없다든지, 우리 사회가 정의롭고 평화로운 사회로 나아지는 것이 아니라 오히려 갈등과 폭력이 심각해진다면 우리는 과연 어떤 목적으로 기독교교육을 수행했는지를 반성하지 않을 수 없을 것이다.

전통적으로 교육과정은 랄프 타일러(Ralph W. Tyler)의 방식에 따라 교육목표의 설정과, 학습경험의 선정 및 조직, 평가의 체계성이 강조되었고 이런 원리는 기독교교육에도 적용되었다. 그러나 학습효과 측면에서 의문이 제기되면서 기독교교육에 행동주의 이론이 도입되었고 교육의 효율성을 증대하고자 했다. 그 이후에는 교육의 방향성이 누구의 이익을 위한 것이었는지를 물

으면서 재개념주의 교육과정론이 도출되었고, 기독교교육 분야에서도 역시 교육의 결과로 하나님의 뜻이 성취되었는지, 잠재적 교육과정 가운데 비기독교적인 요소는 없었는지를 점검하려는 움직임이 나타났다.[1]

따라서 우리는 기존의 기독교교육이 교회 유지를 위해 성장주의를 지향하며 행동주의에 근거해 신자들을 보상체제로 길들이려고 하지 않았는가를 비판적으로 고찰해야 한다. 또한 사회질서 유지를 위한 윤리나 도덕으로 기독교를 환원시키는 오류를 범하지 않았는지 재고해야 할 것이다. 그 까닭은 기독교교육의 궁극적인 지향점이 사회질서 유지에 있지 않고 예수 그리스도의 비전, 곧 하나님 나라에 있기 때문이다.[2] 하나님 나라는 삼위일체 하나님의 관계성과 평등성, 개방성의 특징을 지닌다.[3]

그러나 세계화된 현대 사회는 무한경쟁 시스템 속에서 적자생존과 각자도생을 강조함으로써 고립과 차별, 승자독식의 문제를 초래했다. 이기주의와 양극화의 심화로 공동체성과 평등의 가치가 훼손되었고 불안과 스트레스로 인해 심리·정신적 고통이 만연하다. 또한 기후·환경 위기로 온 피조 세계가 고통을 겪고 있다. 출애굽과 그리스도의 구속 사건을 이루신 하나님께서는 이런 고통에 함께 하신다. 우리 역시 하나님의 사역에 참여함으로써 예수 그리스도의 비전을 공유할 수 있다.

이 교재는 신자들로 하여금 이런 현실을 도외시하지 않고 하나님 나라의 비전을 삶의 중심에 위치시킴으로써 정의와 평화, 사랑과 긍휼의 공동체를 회복할 수 있게 기획되었다. 특히 구약의 희년(Jubilee)이 하나님 나라의 회복과 어떤 관련성이 있는지를 이해하게 하고 사회 내 만연한 고통의 문제를 해

---

1 강희천, 『기독교교육의 비판적 성찰』(서울: 대한기독교서회, 1999), 49-68.
2 토마스 H. 그룸/이기문 옮김, 『기독교적 종교교육』(서울: 대한예수교장로회총회교육부, 1983), 68.
3 김현숙, 『탈인습성과 기독교교육』(서울: 대한기독교서회, 2004).

결하기 위해 어떤 방법을 강구해야 할지를 모색하게 한다.

이런 교육목적 가운데 이 교재는 세 가지 교육목표를 갖는다. 그것은 첫째, 소그룹 구성원들의 개방적 성찰을 격려하는 것이다. 그동안 학교교육을 통해 무의식적으로 수용했던 비성경적인 가치관을 말씀의 거울에 비추어 비판적으로 재고함으로써 과연 그것이 하나님 나라와 양립할 수 있는지, 만일 모순이 존재한다면 어떤 가치를 포기하고 어떤 가치를 따라야 하는지 등을 숙고하게 한다. 둘째, 관계적 소통을 촉진한다. 믿음 안에서 한 가족이 된 성도들은 상호 배려 가운데 어떤 경험을 통해 그런 생각을 갖게 되었는지 이야기를 경청함으로써 서로를 이해할 수 있게 될 것이다. 셋째, 평등적 나눔을 도전한다. 승자독식을 정당화하는 사회와 달리, 성도들은 하나님 나라의 청지기로서 자신이 받은 은혜를 함께 나눔으로써 화평 가운데 서로의 부족한 부분을 채우게 될 것이다.

II. 교재의 특징과 학습 운영 방법

보통 소그룹에서 사용하는 제자훈련 교재들은 구원의 확신으로부터 출발해 기독교인의 기본적 소양에 대한 이해를 돕는다는 점에서 신앙경력에 따른 단계별 학습이 가능하다는 점과, 재생산의 구조를 통해 교회 성장에 기여한다는 점 등의 장점을 지닌다. 그러나 제자훈련의 궁극적인 방향이 개교회의 부흥만이 아니라 공교회적으로 하나님 나라로 수렴되는가에 대한 질문이 제기될 수 있다. 또한 제자훈련 교재는 주로 영혼 구원과 양육에 초점이 있다 보니 변화하는 사회적 정황과 말씀이 서로 어떻게 관련되는지 통찰하게 하는 데 한계가 있다. 말씀의 맥락을 고려하지 못한 단답형의 문답 형식도 성경 이해를 단순화시키는 문제를 초래할 수 있다.

한편, 월간 큐티 교재나 성경읽기표 등을 활용하여 말씀을 묵상하고 각자 묵상한 말씀을 소그룹을 통해 서로 나누는 방법도 교회 교육 현장에서 병용되고 있다. 이런 방법은 규칙적으로 성경을 읽게 하고 본문 전후 맥락 속에서 각 부분의 의미를 살필 수 있게 한다는 장점이 있다. 그러나 성경 전체를 다루는 데 오랜 시간이 필요하고 성경의 맥락에 집중하다 보니 사회 이슈를 역동적으로 다루는 데 역시 한계가 있다고 볼 수 있다.

또한 기존의 기독교교육은 주로 말씀 듣기와 개인적 나눔으로 이루어지는 것이 일반적이어서 교회에서는 선포적, 고백적 언어를 많이 사용하는 경향이 있다. 이런 언어 형식은 상호적이라기보다는 일방적이라는 한계를 노출한다. 또한 최근 사회적 이슈와 관련해 한국 교회는 소통의 한계를 드러냈다. 그러나 민주주의 사회에서는 자신의 의견을 논리적으로 제시하고 이견이나 반론에 대해 합리적으로 대응할 수 있는 성숙한 태도와 의사소통의 기술이 요구된다.

실천신학자 존 콜먼(John A. Colemann)에 따르면, 성도들은 제자직(discipleship)과 시민직(citizenship)의 균형감을 가지고, 사회 내 권력의 남용이나 횡포를 견제하고 비판할 수 있도록 세상과 소통할 수 있는 역량을 갖추어야 한다.[4] 따라서 다양한 사회적 이슈에 대해 토론을 활성화함으로써 서로 의견이나 질문을 교환하고 말씀에 기초해 성경적 대안을 모색할 수 있도록 기독교교육의 장을 마련해야 할 필요가 있다.

이에 이 교재는 성인을 대상으로 일상의 화제로부터 시작하여 사회적 이슈와 자신의 신앙이 어떻게 관련되는지를 고찰하게 한다. 소그룹 구성원들

4   John A. Coleman, "The Two Pedagogies: Discipleship and Citizenship," *Education for Citizenship and Discipleship*, ed. Mary C. Boys (New York: Pilgrim, 1989), 35-75.

은 서로 자유롭게 토론하고 의견을 나누는 가운데 생각의 폭을 넓히고 다양한 견해들을 어떻게 다루어야 할지를 배울 수 있을 것이다. 이로써 구성원들의 성찰 역량과 소통 역량, 나눔 역량을 강화할 수 있다.[5]

좀 더 구체적으로 이 교재는 기독교교육학자 토마스 그룹(Thomas H. Groome)의 교육방법을 활용하여 우선 중심 주제에 대한 각자의 평소 생각을 나누게 함으로써 소그룹 구성원들의 현재 상태를 이해한다. 다음으로, 각자 가지고 있던 견해나 행동이 어디서부터 출발했으며 그 결과는 무엇인지에 대해 성찰할 수 있게 한다. 이후 소그룹 리더는 주제와 관련된 기독교의 이야기와 그것이 요청하는 신앙적 응답을 제시함으로써 구성원들로 하여금 각자 자신의 이야기와 기독교의 이야기를 변증법적으로 연결시키고, 자신의 비전과 기독교의 비전을 결합해 나갈 수 있게 하는 것이다.[6]

이런 과정에 따라 이 교재는 공통적으로 각 과마다 네 단계로 구성되는데, 먼저 '생각 열기'에서는 소그룹 구성원들이 부담 없이 대화를 시작할 수 있도록 일상적인 질문을 배치했다. 이어 '성찰하기'에서는 앞서 나눈 내용을 좀 더 심화시킬 수 있는 질문들로 구성했다. 다음으로 '살펴보기'에서는 지금까지 서로 나눈 내용을 말씀에 비추어 보도록 문답식으로 질문을 구성했다. 이때 해당 본문의 전후 맥락을 살펴볼 수 있도록 했다. 마지막으로 '더 생각해 보기'에서는 앞서 다룬 내용을 정리하고, 그 밖의 질문거리 및 구체적인 실천 방안 등을 다루도록 했다.

그 외에 분기별로 한번씩 '실천하기'(부록 참고)를 통해 외부 활동을 진행할 수 있도록 했다. 예를 들면, 의미 있는 유적지나 기관을 방문하거나, 국내 또

5   유은주, "세계화 시대의 희년 공동체 형성을 위한 탈인습적 기독교 성인교육 연구"(연세대학교 박사학위 논문, 2019), 141-160.
6   토마스 H. 그룸, 『기독교적 종교교육』, 298-340.

는 해외 아웃리치, 지역 주민을 위한 바자회 개최, 환경보호를 위한 아나바다 운동, 탄소금식 운동 등을 소그룹 구성원들 스스로가 계획하고 참여하게 함으로써 바쁜 일상 속에서 쉽게 간과되었던 부분에 대해 관심을 환기하고, 비록 작더라도 변화를 위한 사회적 행동에 동참할 수 있도록 계기를 마련할 수 있다.

교육내용의 선정과 조직은 미국 프린스턴 신학대학원의 교수였던 리처드 아스머(Richard R. Osmer)의 신앙의 네 가지 차원을 고려하여 신념편, 관계편, 신비편, 헌신편으로 구성했다. 먼저 신념편에서는 우리가 기독교를 신앙하는 궁극적인 이유에 대한 신념 및 삶의 궁극적인 가치에 대한 신념, 또한 우리의 삶에서 마주하게 되는 수많은 선택과 관련된 신념에 대해 성찰한다. 다음으로 관계편에서 친구와의 관계 및 가족 내에서 어떤 특징이나 문제가 있는지 등을 고찰하고 지혜로운 멘토링을 통한 해결의 방안을 다룬다. 신비편에서는 영적인 측면에서 인생을 어떻게 바라봐야 할지, 기독교 신앙이 어떤 점에서 세속적 가치관과 차이가 있으며 인생에서 마주하게 되는 고난의 문제를 어떻게 해석해야 할지 등에 대해 고찰한다. 마지막으로 헌신편에서는 기독교적 사랑 및 회복의 진정한 의미를 다룸으로써 예수 그리스도의 본을 좇는 섬김의 삶을 결단하게 한다.

교육내용과 관련하여 이 교재는 성경 전체의 내용을 통전적으로 이해할 수 있도록 구약과 신약 어느 한쪽에 치우치지 않고 균형 있게 다루려고 했으며, 기존의 기독교교육이 잘 다루지 않았던 부분들을 조명하여 그 의미를 고찰하고자 했다는 점에서 특징이 있다. 일례로, 레위기 25장에 기록되어 있는 희년법은 그동안 그 의미와 가치에 대해 종종 간과되었는데 하나님 나라의 회복이라는 관점에서 이런 부분들을 주의 깊게 살펴볼 필요가 있다.

이로써 소그룹 구성원들은 말씀을 들여다보면서 무엇이 주님이 바라시는 모습일까를 고민하고 자기 자신이나 자기 교회만을 위한 동기가 아니라 하나님 나라의 비전 가운데[7] 성숙한 신앙과 올바른 실천으로 나아가게 될 것으로 기대한다. 소그룹 운영시간은 인원수와 나눔의 깊이에 따라 상이할 수 있지만 평균적으로 한 과당 90~120분 정도 소요될 수 있고 필요에 따라 간소화될 수 있다. 더욱 깊은 성찰과 나눔을 위해서는 한 과를 두 주에 걸쳐 진행하는 것도 고려해볼 만하다.

---

7 Bonnidell Clouse, *Teaching for Moral Growth* (Wheaton, IL: Victor, 1993), 280-283.

전체 교육과정

| 신념편 |

주제	과	과별 제목	주제 본문
소원	1	우리의 소원	창 15장, 21장, 왕상 2-4장, 롬 4장
	2	기복신앙	시 1, 37, 73편, 마 5장
	3	주님의 비전	창 18장, 사 1, 5, 11, 58장, 마 23장
	4	주님의 기도	마 6, 26장, 막 1장
결실	1	열매 맺는 삶	시 127편, 잠 16장, 전 3, 11-12장, 요 15장
	2	후회하고 있지는 않습니까?	마 26-27장, 눅 22장, 요 21장
	3	인생의 빈 그물을 채우시는 주님	욥 29-30장, 행 9장
	4	주님께서 바라시는 열매	사 5장, 갈 5장
결정	1	선택의 기로에서	창 24장, 왕상 11장
	2	주님을 경외합니까?	창 2-3, 22장, 롬 5장, 히 11장
	3	위기의 순간에	삿 6-7장, 에 3-5장
	4	끝까지 신실하게	창 30-31장, 레 25장, 렘 34장

| 관계편 |

주제	과	과별 제목	주제 본문
친구	1	내 친구	삼상 17-20장, 삼하 9장, 단 1-3장
	2	유유상종	왕상 11-12, 22장
	3	이성 교제	삿 14-15장, 룻 1-3장
	4	참된 친구	마 9장, 막 14장, 요 13, 15, 18장
멘토	1	도움이 필요할 때	삼상 1장, 요 3, 7, 19장
	2	인생의 멘토	왕상 17-19장, 왕하 2장, 행 11장, 딤후 1-2, 4장
	3	지혜로운 멘토링	삼하 11-12장, 에 2-4장
	4	공적 멘토	신 16-17장, 느 4-5장, 잠 31장
가족	1	우리 가족	창 25, 27장, 삼상 18-19장, 삼하 3, 6장
	2	행복한 가정	시 127-128편, 엡 5-6장
	3	결혼 또는 비혼	창 2장, 고전 7장
	4	주님 안의 한 가족	막 3장, 행 2, 4장

주제	과	과별 제목	주제 본문
여행	1	인생여정	창 12장, 출 1-3장
	2	천로역정	엡 6장
	3	피난의 여정	룻 1-2장, 삼상 22, 25장
	4	집으로 가는 길	민 20장, 신 34장, 행 6-8장
휴식	1	쉼의 의미	창 2장, 출 20장, 렘 17장, 느 13장, 마 12장, 요 5장
	2	참된 안식을 얻으려면	왕상 19, 21장, 마 6장
	3	안식의 기반	레 25장, 민 27, 36장, 신 27장, 룻 4장, 왕상 21장
	4	쉼이 필요해	출 23장, 레 25장, 신 15장, 느 5장
고난	1	삶에 고난이 찾아올 때	창 37, 39, 41장, 행 16장
	2	섣불리 단정할 수 없는 난제	욥 1, 31, 42장, 요 9장
	3	기꺼이 짊어지는 고난	단 6장, 마 3, 11장, 막 6장
	4	고난받는 자의 편에 계시는 주님	신 27장, 삼하 11장, 왕상 21장

주제	과	과별 제목	주제 본문
회복	1	회복을 바라는 사람들	출 1-3장, 사 42장, 겔 16장, 마 12장, 눅 4-5, 7장
	2	관계의 회복	창 29-31, 37, 44-45장
	3	영적 회복	사 59장, 암 5장, 눅 19장
	4	하나님 나라의 회복	출 22장, 신 24장, 마 20장
사랑	1	조건 없는 사랑	스 9장, 눅 10, 15장, 요 4장
	2	사랑의 교제	삼상 16-17장, 시 4, 18편, 눅 10장
	3	최고의 가치, 사랑	마 22, 25장, 요 13장, 고전 13장, 요일 3-4장
	4	사랑이라는 이름으로	삼상 2-3장, 삼하 13장
섬김	1	하나님의 어린양	출 12장, 사 53장, 히 9-10장, 빌 2장
	2	진정한 섬김	막 1-2, 6, 8, 10장
	3	주님을 섬기는 사람들	렘 35장, 욘 1-4장
	4	강요된 희생	창 29-31장, 삿 11장

소모임 활동계획표

지역/사회를 위해 어떤 활동을 계획하고 싶습니까?	• 일시 • 장소 • 유적지/기관 방문 • 국내/국외 아웃리치 • 주민 바자회/공동창고 • 탄소금식 운동 • 기타
활동의 목적 및 기대하는 결과	• • • •
활동을 위해 필요한 것들	• 예산 • 참여 인원 • 조직 • 준비물

**활동을 위해
준비해야 할
일들**
	• 준비모임
	  1차)
	  2차)
	• 예산 마련
	• 기도 준비
	• 이동 수단
	• 식사/간식
	• 홍보

후속 활동	• 참여자 피드백 • 평가회 • 스태프 사례 • 다음 활동 계획

신앙의 성숙 단계

나의 신앙은 어디에 해당하는가

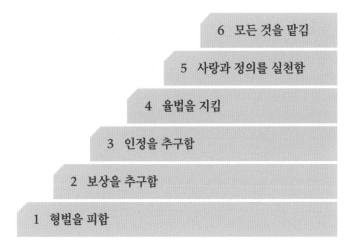

6 모든 것을 맡김

5 사랑과 정의를 실천함

4 율법을 지킴

3 인정을 추구함

2 보상을 추구함

1 형벌을 피함

Bonnidell Clouse, *Teaching for Moral Growth: A Guide for the Christian Community Teachers, Parents, and Pastors* (Wheaton, IL: Victor, 1993), 280-283.